25.325

A NOSSEIGNEURS
LES COMMISSAIRES
DU CONSEIL
EN CETTE PARTIE.

SUPPLIE humblement Michel-Jean-Hugues Péan, Chevalier, Capitaine-Aide-Major des Ville & Gouvernement de Quebec, & des Troupes détachées de la Marine, Chevalier de l'Ordre Royal & Militaire de S. Louis;

Difant, qu'il fe flatte d'avoir détruit dans fon premier Mémoire, & dans fes déclarations au Procès, les imputations calomnieufes multipliées par des délateurs ligués contre lui, & convaincus de plufieurs prévarications. Il fe propofe de retracer en fubftance, dans la préfente Requête, les moyens de droit & de fait qui concourent à établir fon innocence. Attaqué dans fon honneur par des délations qui font l'ouvrage de l'impofture, privé depuis environ trois ans de l'avantage ineftimable de

A

la liberté, les expreſſions manquent pour peindre l'a‑
mertume & les ennuis de ſa ſituation. Mais s'il n'a pu
obtenir encore un Arrêt qui diſſipe entiérement les
nuages que la calomnie s'eſt efforcée de répandre, ſi
les Magiſtrats ont cru devoir ordonner une inſtruction
plus ample, il eſpere que cette épreuve rigoureuſe qui
prolonge ſa captivité, achevera de mettre dans le plus
grand jour la pureté de ſa conduite. Comment ſeroit-il
poſſible de ſe perſuader que les délits qu'on lui impute,
s'il en avoit été réellement coupable, euſſent échappé à
des recherches auſſi exactes que perſévérantes ? Une ac‑
cuſation tombe & s'évanouit par cela ſeul qu'elle eſt
deſtituée de preuves. Les maximes générales qui aſſu‑
rent le repos, l'honneur & la liberté des Citoyens, re‑
prennent alors tout leur empire. Des imputations
qu'une procédure criminelle, conduite par des Magiſ‑
trats éclairés, n'a pu conſtater, rentrent dans le néant,
& l'accuſé doit être rétabli dans tous ſes droits. *Actore
non probante, abſolvitur reus.* Vérité reconnue par
toutes les nations, puiſée dans les Loix, & précieuſe à
l'humanité. Avec quel avantage ne peut-on pas récla‑
mer cette regle ſalutaire, en faveur d'un Officier qui pro‑
duit des témoignages auſſi nombreux qu'authentiques de
ſes ſervices diſtingués, & à qui on n'oppoſe que les dé‑
poſitions iſolées de perſonnages décriés par leur con‑
duite, & flétris par les condamnations que la Juſtice a
prononcées contre eux ?

Deux propoſitions formeront le partage de la dé‑
fenſe du Suppliant.

On ſoutient 1º. qu'il n'exiſte aucune preuve des dé‑

lits qui lui ont été imputés. Il sera facile d'établir que cette proposition n'est point contredite par la mention insérée dans le jugement, *les preuves demeurantes en leur entier*.

On ajoute en second lieu, que ce défaut absolu de preuves étant certain, le Suppliant, par une conséquence nécessaire, doit être renvoyé de l'accusation.

PREMIERE PROPOSITION.

L'accusation intentée contre le Suppliant porte sur deux chefs principaux. Le premier concerne la société qu'il a contractée avec Cadet pour la fourniture générale des vivres, & le second est relatif aux différentes entreprises de commerce où le Suppliant a été intéressé. Il se flatte de dissiper entiérement les nuages que quelques prévaricateurs ont essayé de répandre sur sa conduite.

Les engagemens qu'il a pris dans la fourniture générale des vivres peuvent être considérés sous trois époques différentes, dans leur commencement, dans leur durée, & dans leur fin. Si on les envisage successivement sous ces trois points de vue, il sera bien facile d'écarter les reproches calomnieux, dont les Munitionnaires ont accablé le Suppliant.

PREMIER CHEF.

1°. On ne peut soutenir raisonnablement qu'il se soit rendu coupable d'un délit, en formant avec Cadet la société relative à l'entreprise des vivres. En vain, diroit-on, qu'il ne devoit pas s'unir avec un pareil associé. Il ne faut pas juger de Cadet, par les excès où une cupidité aveugle l'a entraîné dans les derniers temps, mais par la réputation d'intelligence & de probité dont il jouissoit en Canada. Le choix de ce Munitionnaire avoit été agréé par tous les Supérieurs de la Colonie, qui le regardoient comme un homme digne de confiance, & capable de soutenir le poids des entreprises les plus importantes. Le Suppliant a donc pu contracter avec lui une société, sans craindre que cet engagement donnât matiere à aucun reproche.

Mais trouve-t-on dans la nature même de l'affaire qui a été l'objet de la Société, quelque prétexte d'accuser le Suppliant? Non-seulement aucune loi ne lui défendoit d'accepter un intérêt dans une entreprise de cette espece, mais les loix & l'usage de la Colonie autorisoient indistinctement toutes sortes de personnes à prendre des engagemens dans des entreprises de commerce. Celle dont est question se présentoit sous un point de vue également honnête & légitime. Le Suppliant a prouvé dans ses réponses au procès, d'un côté, que la nouvelle administration des Vivres devoit être avantageuse à la Colonie; d'un autre, que les bénéfices des Munitionnaires auroient été fort modérés, s'ils avoient suivi fidélement la loi de leur traité. Il suffit de lire le jugement rendu en la Cour, pour être convaincu que le préjudice porté au Roi dans la fourniture des Vivres, a résulté des prévarications dont Cadet & ses Commis se sont rendus coupables; mais ces malversations ont été le crime personnel des Entrepreneurs, & non pas des suites ni des effets de l'entreprise considérée en elle-même. Le Suppliant ne pouvoit prévoir ni imaginer des excès qui, pour la plupart, sont postérieurs à son départ du Canada, & dont il n'a été instruit que par la procédure criminelle.

Si donc il a consenti à aider de son crédit & de ses fonds le Munitionnaire dans la fourniture des Vivres, cet engagement en soi n'a rien eu que de légitime. Ajoutons que le Suppliant, en sa qualité d'Officier militaire, n'avoit aucun droit, aucune sorte d'autorité sur l'administration des Finances; il ne pouvoit pas à ce titre disposer de la plus légere somme. Quand les sentimens d'honneur, de probité & de zele pour le service du Roi, dont il a donné tant de preuves, ne lui auroient pas inspiré l'éloignement le plus décidé de toute espece de fraude, il est constant qu'il n'étoit revêtu d'aucun pouvoir pour la favoriser, ni chargé d'aucune administration d'où elle pût résulter. De ces réflexions naît la conséquence que l'engagement dont il s'agit considéré dans sa source & dans son principe, c'est-à-dire, relativement au choix de l'associé & à la nature de l'entreprise, ne présente rien de criminel, ni de suspect.

Examinons cette même affaire dans sa durée : c'est ici qu'on découvre le tableau des manœuvres les plus condamnables; mais on connoît maintenant les vrais coupables, & l'Arrêt qui est intervenu ne laisse subsister aucun doute sur ce point. C'est en vain que Cadet & ses Commis, par une suite du complot formé entr'eux contre le Suppliant, ont fait tous leurs efforts pour attribuer leurs délits à ſes conſeils. Pour confondre toutes ces impoſtures, il ſuffit de conſidérer la qualité des Délateurs, & celle des délations.

Les Délateurs ſont des criminels, de leur aveu, & qui ont été convaincus par le jugement de la Cour. Or des déclarations émanées de témoins, même de co-accuſés qui révelent leur propre turpitude, ſont incapables, lorſqu'il n'exiſte point d'autres charges contre un accuſé, d'opérer une preuve convaincante. Le Suppliant a déja annoncé ce moyen dans ſes premiers écrits; mais on croit néceſſaire de le développer ici avec plus d'étendue.

L'objet des Légiſlateurs, en preſcrivant les formalités qu'on doit ſuivre dans la pourſuite des crimes, n'a certainement pas été d'expoſer l'innocence à ſuccomber ſous les efforts de la calomnie. Ce ne ſont pas des conjectures, ni des ſoupçons qui peuvent autoriſer à prononcer une peine; il faut des preuves qui réuniſſent les caracteres que la loi exige, & dont il ne ſoit pas poſſible aux Juges de méconnoître l'évidence. La condamnation d'un innocent eſt le malheur le plus effroyable qui puiſſe arriver dans l'adminiſtration de la Juſtice; par conſéquent il n'y a point de précautions qu'on ne doive prendre pour l'éviter.

Comme il eſt rare que des délits ſoient conſtatés par écrit, la preuve principale qu'on oppoſe à des Accuſés, eſt ordinairement appuyée ſur des dépoſitions de Témoins. Il ſuit delà, que dans les matieres criminelles qui intéreſſent la vie & l'honneur des Citoyens, on doit peſer avec l'attention la plus ſcrupuleuſe l'autorité des témoignages. *In testimoniis, dignitas, fides, mores, gravitas examinanda est, L. 2. ff. de testibus.*

C'est une regle générale établie par les Loix, & à laquelle tous les Jurisconsultes rendent hommage, que le caractere essentiellement requis dans les Témoins, est d'être irréprochables & au-dessus de tout soupçon *.

Les décisions de la Justice ne peuvent donc pas être fondées sur des déclarations faites par des hommes suspects & indignes de foi. Il ne faut jamais perdre de vue ces deux vérités incontestables ; 1°, qu'il est impossible de prononcer une condamnation sans preuves ** ; 2°, qu'il n'y a point de preuve digne de ce nom, si elle ne présente aux Magistrats cette évidence qui entraîne leur consentement. Or comment concevoir, que cette certitude se rencontre dans les dépositions isolées de Témoins criminels de leur aveu, & qui par cette seule raison sont indignes de la confiance de la Justice ?

De pareilles déclarations suffisent, sans doute, pour inspirer au Magistrat des allarmes, pour l'engager à instruire sa religion par des informations. Mais si, l'Accusé persévérant à nier, il n'existe contre lui d'autres

---

* *Amplia* 1°. *hanc regulam ut in omni causa & negotio testes non solùm requirantur habiles & idonei,* SED ETIAM OMNI EXCEPTIONE MAJORES. *Amplia,* 2°. *regulam multo magis procedere in criminalibus, in quibus nedum testes idoneos,* SED ETIAM OMNI EXCEPTIONE MAJORES REQUIRI, &c. *Farinacius de testibus, tit. 6, q. 62, n. 20 & 22.*

** *Sciant cuncti accusatores, eam se rem deferre in publicam notionem debere, quæ munita sit idoneis testibus, vel instructa apertissimis documentis, vel indiciis ad probationem indubitatis,* ET LUCE CLARIORIBUS EXPEDITA. L. 25, *cod. de Probationibus.*

charges que les déclarations de ces Criminels; on ne parviendra jamais à en faire résulter une preuve suffisante, complete, telle qu'elle doit être, en un mot, pour autoriser le Juge à prononcer une condamnation. C'est ce qu'il est facile de démontrer par la raison & par l'autorité.

La raison nous dit, qu'un témoignage ne peut pas être concluant, lorsqu'il renferme en lui-même des preuves de son incertitude & de son insuffisance. Or cela arrive, toutes les fois qu'indépendamment de l'indignité particuliere du Témoin, il est sensible qu'il peut avoir été déterminé à dénoncer des tiers, par tout autre motif que celui de dire la vérité.

Combien de considérations particulieres, peuvent inspirer à un Criminel des délations remplies d'impostures? L'espérance seule de l'impunité l'y excite. Il se flatte que le crédit ou la réputation de ceux qu'il compromet, pourront le délivrer du danger qui le menace. Un Accusé ne sait pas combien de pareilles voies sont impuissantes dans les Tribunaux. Mais ne considérant pas les choses telles qu'elles sont, il les envisage sous le point de vue qui lui semble le plus favorable. C'est par une suite de cette illusion, qu'en dénonçant des tiers, il espere, par leur crédit, échapper aux peines qu'il mérite. S'il ne se flatte pas de l'impunité totale, il compte du moins, en associant d'autres personnes à son délit, diminuer la rigueur des condamnations qu'il a lieu de craindre, ou paroître moins coupable aux yeux des Juges, en déclarant qu'il n'a agi que par des impressions étrangeres.

Quelquefois

Quelquefois aussi la dénonciation des tiers est l'effet d'un esprit de vengeance, ou même du seul désespoir d'un Accusé convaincu *. Il voudroit, s'il lui étoit possible, entraîner l'univers dans sa ruine. C'est la remarque d'un célebre Philosophe. *Naturali quodam deploratæ mentis affectu morientibus gratissimum est commori* **. Il ne faut pas une profonde connoissance du cœur humain, pour découvrir les vues particulieres qui peuvent engager des coupables à faire de fausses déclarations ***. Mais si leurs témoignages sont nécessairement incertains & insuffisans, la conséquence est infaillible, que lorsqu'il n'y en a point d'autres, de semblables délations sont incapables de servir de base à un Jugement.

Au reste, ces vérités qui dérivent des seules lumieres de la raison, peuvent être confirmées par des autorités sans nombre.

Il n'y a point en général de reproche plus efficace que celui qui se tire de l'infamie du Témoin. Or, un Accusé qui se reconnoît coupable de plusieurs prévarications est infame de son aveu *. On doit donc rejetter

---

* *Ne alienam salutem in dubium deducat qui de suâ desperavit.* Note de Godefroy, sur la Loi 16, §. 1. *ff. de Quæstionibus.*

** *Senec. lib. IV. Controversiarum* 29.

*** Il y a long-tems que les loix ont décidé qu'on n'y devoit avoir aucun égard. *Nemo tamen sibi blandiatur objectu cujuslibet criminis de se in quæstione confessus, veniam sperans propter flagitia adjuncti, vel pro communione criminis, consortium personæ superioris optans, aut inimici supplicio in ipsâ supremorum suorum forte satiandus, aut eripi se posse confidens aut studio, aut privilegio nominati.* L. ult. cod. *de Accusationibus.*

* *Quia talis socius nominans consocium redditur jam infamis propter confessionem delicti factam per eum.* Ranchin, lett. T. *Verbo testis,* not. sur l'art. 3.

sa déposition comme indigne de foi **. Un Jurisconsulte fort savant & très-estimé, qui a fait un Ouvrage sur l'autorité des témoignages, pose pour principe incontestable, que la déposition d'un Criminel ne peut former une preuve, & qu'un homme est censé criminel, non-seulement lorsqu'il a été condamné par un Jugement, mais encore lorsqu'il s'avoue coupable ***. *Julius Clarus* (*lib.* 5. *sententiarum*, §. *fin. Practica criminalis, quæst.* 21) établit les mêmes maximes, & il se fonde sur cette réflexion qu'il exprime avec beaucoup d'énergie. C'est que si l'on s'en rapportoit uniquement à la délation d'un Criminel, il dépendroit du premier scélérat, de compromettre par ses déclarations le Citoyen le plus vertueux : conséquence affreuse & révoltante, & qui blesse également les sentimens de la nature & les loix de la Religion. *Aliàs esset in facultate cujuslibet scelesti, facere quòd quilibet vir probus subjiceretur tormentis*, QUOD ESSET IMPIUM ET ABSURDUM, *& ita semper servari vidi, &c.*

Enfin, ce Jurisconsulte propose la question de savoir, si la dénonciation d'un tiers n'étant pas faite par un seul Criminel, mais par deux, il pourra résulter de leurs dépositions une preuve convaincante contre celui qu'ils dénoncent ; & il ne fait aucune difficulté de ré-

---

** *Ex quibus jam sequitur nullam fidem adhibitam hujusmodi delatoribus, nec eos capaces esse testimonii.... tum quia per suum testimonium criminosi & pœnâ digni.* Dumoulin, Conf. 43, n. 25.

*** *Regula fit, quod testis criminosus à testimonio repellitur, sive simus in causa criminali, sive etiam in civili......... ut procedat regula..... quando constat per confessionem ipsius testis quod sit criminosus.* Farinacius *de testibus.* Tit. 6. quæst. 56, n. 126 & 128.

pondre que ces délations ne peuvent jamais opérer la conviction. *Sed pone, quòd non unus tantùm, sed duo Socii criminis contrà aliquem deponant, numquid iste dicetur convictus, ita ut possit contrà eum sequi condemnatio,* RESPONDEO QUOD NON.

On ne finiroit pas, si l'on vouloit rassembler ici tous les témoignages qui déposent en faveur du principe qu'on soutient. Le nouveau Commentateur de l'Ordonnance Criminelle, tit. 19, art. 3, n. 2. fait la réflexion suivante : *Quoique la déposition d'un Accusé condamné à la mort ne soit pas d'un grand poids, c'est toujours une indication qui peut conduire à d'autres preuves, & sur laquelle on ne fait pas le plus souvent difficulté de décréter de prise de corps.* La déclaration de l'Accusé ne présente donc, suivant cet Auteur, qu'une *indication qui peut conduire à d'autres preuves*, mais qui constamment ne doit pas y suppléer.

Concluons de ces réflexions & de ces autorités, que les dépositions des Accusés qui se reconnoissent coupables (quand on n'auroit pour les combattre d'autres moyens que ceux qui résultent de l'indignité de pareils Témoins) ne peuvent mériter la confiance de la Justice, ni par conséquent donner lieu à la condamnation d'un Citoyen.

N'oublions jamais cet avis important donné par la Loi, *sciant cuncti* au Code *de probationibus*, (citée plus haut) qu'en matieres criminelles les preuves doivent être plus claires que le jour, *debent esse probationes luce meridianâ clariores* *. Où la preuve manque, il ne

* *Julius Clarus, loc. cit. quæst.* 24.

B ij

peut y avoir de peine ; ce seroit confondre toutes les idées que d'ériger en preuves, de simples soupçons, & prendre pour la vérité même, des délations qui autorisent seulement à la chercher, mais qui, lorsqu'elles demeurent isolées, sont incapables de persuader le Magistrat.

Ces maximes reçoivent l'application la plus sensible à l'espece présente, où non-seulement les délations opposées au Suppliant sont émanées de Criminels condamnés, & qui par conséquent sont infames de droit & de fait ; mais où de plus, ces déclarations n'offrent qu'un tissu d'impostures & de contradictions.

C'est ce que le Suppliant a démontré dans son premier Mémoire, par la discussion successive des différentes imputations relatives à la société pour la fourniture des vivres. On supplie la Cour de fixer son attention sur ces deux vérités également décisives en faveur du Suppliant.

La premiere, que la seule preuve dont on ait pu exciper contre lui, est anéantie par l'indignité de ceux sur le témoignage desquels elle porte.

La seconde, que quand les maximes les plus constantes du droit, n'obligeroient pas de rejetter les déclarations de ceux qui ont accusé le Suppliant, la qualité seule des délations suffiroit pour les proscrire.

En effet, ce sont de prétendus conseils que ces délateurs, coupables d'un nombre infini de prévarications, imputent au Suppliant. Mais quel est l'Accusé qui ne pourroit pas facilement recourir à une semblable défaite, pour se garantir des condamnations qu'il auroit lieu de craindre, ou pour les diminuer ?

De plus, le Suppliant engagé dans des voyages continuels, livré uniquement aux travaux du service, & presque toujours éloigné des Munitionnaires, n'a pu donner verbalement les conseils qu'on lui attribue. S'il est coupable, on doit être en état de le convaincre par des écrits : il ne tombera sous le sens de personne, qu'un homme ait conseillé de loin des opérations frauduleuses, sans envoyer quelques mémoires, notes ou billets, pour tracer le plan de la fraude. Or les Accusateurs n'ont pu produire aucun écrit de cette espece ; en faudroit-il davantage pour les convaincre de calomnie ?

En vain, pour accréditer leurs impostures, représentent-ils sans cesse le Suppliant comme un homme absolu dans la Colonie. Ce mensonge grossier ne peut séduire personne. On ne sauroit trop redire que le Suppliant, Officier militaire, n'avoit aucune sorte d'autorité, ni d'administration sur ce qui concernoit les Finances. Il ne peut donc y avoir aucun prétexte de le rechercher à ce sujet.

D'ailleurs, à qui persuadera-t-on que ces hommes qui débitent si hardiment, que le Suppliant les a dirigés dans leurs malversations, eussent réellement besoin de guides dans la carriere de la fraude ? Leur conduite, & sur-tout les prévarications, dont ils se sont rendus coupables depuis le retour du Suppliant en France, ne prouvent que trop leurs dangereux talens & l'excès de leur cupidité.

Entr'autres calomnies, qui se détruisent d'elles-mêmes, ils ont imputé au Suppliant de leur avoir donné ſes avis relativement à une carte de répartition de l'excédent du prix de la viande ſur la conſommation des poſtes des pays d'en haut. Cette impoſture a été confondue, comme les autres, dans les écrits que le Suppliant a eu l'honneur de préſenter à la Cour.

1°. Il n'a jamais conſidéré l'opération dont il s'agit, que dans le point de vue où elle étoit légitime. Il étoit égal qu'un excédent de prix, dont le Roi devoit tenir compte, fût placé ſur une partie ou ſur une autre.

2°. Peut-il tomber ſous le ſens que le Suppliant, qui n'avoit aucun pouvoir pour donner l'authenticité à cette carte, eût conſeillé de tracer le plan d'une opération vicieuſe, qui, avant l'exécution, devoit néceſſairement paſſer ſous les yeux des Supérieurs revêtus de l'autorité néceſſaire pour l'approuver & la confirmer?

3°. Cadet & ſes Commis ne prétendent pas que le Suppliant ait écrit ou même ſigné cette prétendue carte, qu'on ne rapporte point, & qui n'étoit qu'un ſimple tableau qu'on devoit préſenter à l'Intendant; ils conviennent qu'il falloit des ordres de l'Intendant pour faire paſſer cet excédent de prix dans les poſtes des pays d'en haut. On obſervera que ces Délateurs ont bien ſu garder des écrits tels que les comptes pour les poſtes de la mer du Oueſt & pour celui du Népigon, dont ils ont cru pouvoir retirer quelqu'avantage relativement à d'autres imputations. S'ils avoient penſé que le Suppliant eût été capable d'autoriſer leurs manœuvres dans la répartition ſur les poſtes des pays d'en haut, ils n'auroient pas manqué de prendre quelque note écrite de sa main, & ils l'auroient conservée soigneusement. Cependant ils n'en représentent aucune, d'où naît la conséquence qu'ils n'en ont pas, ou que s'il en existe quelqu'une, ils se gardent bien de la produire, parce qu'elle confondroit leurs imputations calomnieuses. Il en résulteroit que le Suppliant a approuvé une opération légitime, & qu'ils sont parvenus par leurs intrigues à commettre des malversations énormes.

4°. Les variations & les contradictions des Délateurs sur le chef dont est question, démontrent la fausseté de leurs délations. Le Suppliant ne répétera point ici ce qu'il a déja développé dans ses écrits; il observera seulement qu'il est constaté par le Jugement de la Cour, que Cadet a fait des augmentations à la carte de répartition. Or ce sont ces augmentations, jointes aux manœuvres pratiquées par Pénissaut dans les postes des pays d'en haut, qui ont occasionné le préjudice immense porté au Roi; mais il est sensible que ces délits, purement personnels à Cadet & à Pénissaut, ne peuvent être imputés au Suppliant.

5°. Que résulte-t-il donc en derniere analyse des imputations relatives à la carte de répartition ? C'est que le Suppliant, qui pouvoit être consulté sur cette opération, mais qui, encore une fois, n'avoit aucun droit pour la prescrire & la régler, a approuvé une répartition légitime, mais que les Munitionnaires sont parvenus par leurs intrigues & leurs artifices, à exécuter un grand nombre de malversations.

6°. Enfin les faux états de consommation que le

Munitionnaire & ses Commis ont faits en 1759 & en 1760 (près de deux ans après le retour du Suppliant en France) prouvent bien qu'ils savoient commettre de pareils excès sans recourir aux avis de personne. Comment donc seroit-il possible d'ajouter foi à leurs délations contre le Suppliant, lorsqu'il est prouvé par leurs propres aveux & par le Jugement, 1°. que la carte de répartition dont il a été parlé au Suppliant, n'est pas celle qui a été suivie : 2°. que Cadet en a fait une autre, où il a augmenté les proportions réglées par la 1ere : 3°. que ce modele frauduleux n'a pu être exécuté que par les manœuvres & les surprises que Pénissaut (après avoir encore fait des augmentations sur la carte) a su mettre en usage dans les différens postes, pour obtenir les signatures & les certificats qui lui étoient nécessaires ?

On croit ces réflexions suffisantes pour écarter les imputations du Munitionnaire & de ses Commis, relativement à la société formée par le Suppliant dans l'entreprise des Vivres, en considérant cet engagement dans sa durée.

Mais si on l'examine dans sa fin & dans sa dissolution, on est bientôt convaincu de l'indignité des calomnies débitées contre le Suppliant. Il est constant qu'il a rompu cette société les choses entieres, c'est-à-dire, bien long-temps avant qu'il fût question de procédures criminelles, & de plus qu'il n'a rien reçu sur les bénéfices qu'elle a pu produire. Ces deux points de fait si importans, & que le Suppliant a perpétuellement soutenus dans sa défense, sont aujourd'hui

constatés

constatés par les dispositions du Jugement de la Cour. Mais ces deux faits une fois constans, où peut être le prétexte de l'accusation intentée contre le Suppliant, par rapport à la société dans la fourniture des Vivres ? Il est évident que relativement à ce chef, il n'existe plus de corps de délit qui puisse lui être imputé.

Les Loix générales & les réglemens particuliers intervenus pour la Colonie concourent à établir, que le Suppliant a pu très-légitimement accepter des intérêts dans des affaires de Commerce. Si la proposition est incontestable dans le droit, il est certain dans le fait, que les engagemens formés par le Suppliant sont inaccessibles à la critique; il n'a jamais contracté que des sociétés momentanées, & il n'a pris personnellement aucune part aux opérations & au détail du Négoce.

SECOND CHEF.
Sociétés dans les entreprises de commerce.

Ainsi en contribuant de ses fonds à différentes entreprises de Commerce, il servoit utilement la Colonie; & d'un autre côté, n'ayant jamais été chargé d'aucune gestion, il en résulte que des opérations qui lui ont été totalement étrangeres, ne peuvent donner matiere à des poursuites contre lui.

Ces sociétés momentanées étoient même formées sans écrit : le Suppliant s'en rapportoit uniquement à la parole de ses Associés; il ne voyoit pas même leurs comptes, ainsi qu'ils l'ont déclaré dans la procédure. On a trouvé des reçus donnés par ceux qui étoient intéressés avec le Suppliant dans différentes entreprises ; mais il n'en existe pas un seul de lui; il ne s'occupoit aucunement de l'administration de ces sortes d'affaires : cela est si vrai, qu'il lui est arrivé dans ses réponses aux in-

C

terrogatoires de confondre les objets, & de se dire intéressé dans des entreprises où il a été prouvé qu'il ne l'étoit pas. Les affaires où il prenoit des intérêts, étant notoirement légitimes, aucun motif ne pouvoit l'engager à employer des détours, des déguisemens. S'il n'a contracté que verbalement, s'il a touché sans vouloir examiner aucun compte les sommes qui lui ont été remises, s'il a contribué de ses fonds quand on lui en a demandé, & sans prendre aucune précaution, cette conduite peut paroître imprudente; mais assurément on ne la taxera pas de cupidité.

Le Suppliant n'ayant jamais rien écrit, il ne lui est pas possible de fixer aujourd'hui le montant exact des différentes sommes qu'il a pu toucher, pour les intérêts qu'il a eus dans plusieurs affaires pendant un grand nombre d'années. Mais ce qu'il affirme avec la plus grande confiance, c'est, 1°. qu'il n'a jamais été intéressé que dans des entreprises légitimes : 2°. que les bénéfices qu'il a reçus, n'ont jamais excédé le produit sur lequel il pouvoit naturellement compter.

Que des Délateurs essaient aujourd'hui de l'associer aux infidélités dont ils se reconnoissent coupables, leur témoignage ne peut qu'exciter l'indignation.

Il y a dans le Procès actuel trois points qui doivent demeurer pour constans. 1°. Que le Suppliant n'a jamais été chargé d'aucune gestion relative aux différentes entreprises de Commerce où il a été intéressé : 2°. que les engagemens du Service, qui exigeoient de sa part des travaux & des voyages continuels, le mettoient dans une impossibilité absolue de suivre personnellement des affaires de Négoce : 3°. qu'on ne produit aucun écrit qui puisse, on ne dit pas présenter une preuve, mais donner lieu au plus léger soupçon contre la conduite du Suppliant. Que reste-t-il donc, & que peut-on lui opposer ? des délations qui tombent par l'indignité des Délateurs.

Le Suppliant pourroit borner sa défense à ces moyens généraux qui ne sont pas susceptibles d'une contradiction raisonnable. Mais il y joindra quelques observations particulieres & relatives à certains chefs, qui lui ont paru fixer l'attention des Magistrats, lors des derniers interrogatoires qu'il a subis, ou qui sont mentionnés dans le jugement.

On lui impute d'avoir retiré des bénéfices illégitimes, & résultans de la survente des marchandises que Cadet avoit achetées dans la Colonie, & qu'il a fournies dans les Magasins du Roi sous des noms empruntés, à Quebec & à Montréal, & dans les Forts de *Niagara, la Présentation & Miramichy*, pendant les années 1757 & 1758.

Mais, 1°. le Suppliant a toujours soutenu, qu'il n'avoit rien touché avant son départ de la Colonie, (qui est du mois d'Août 1758,) sur les gains qui pouvoient provenir des marchandises vendues par Cadet en 1757 & 1758. Il a même dit qu'il ne croyoit pas possible que lors de son départ, Cadet eût reçu le prix des marchandises par lui envoyées dans les Forts. Le Suppliant est parti du Canada dans la ferme persuasion, que sa société avec le Munitionnaire seroit rompue, non-seulement pour la fourniture des vivres, mais encore pour les marchandises, & par conséquent qu'il ne recevroit aucun profit, ni pour l'un, ni pour l'autre de ces objets.

2°. Cadet a été contraint d'avouer, & le fait est reconnu au Procès, que le Suppliant n'avoit reçu aucun bénéfice sur la société des vivres ; mais il prétend avoir remis au Suppliant, avant son départ, quelques portions des bénéfices provenans des marchandises vendues, & avoir donné depuis, pour le même objet, des sommes considérables à la Dame Péan. L'allégation est fausse en tout point. Le Suppliant, relativement à cet article, n'a pas plus reçu depuis son départ qu'auparavant.

Cadet n'a pas craint de faire monter à 1500000 liv. les sommes qu'il dit avoir payées, pour les bénéfices de la société des marchandises contractée à l'occasion de celle des vivres. C'est une imposture manifeste. Cadet a remis à la Dame Péan environ 6 à 700000 liv. mais cette somme provenoit de la vente des marchandises qui furent envoyées en 1759 par le Suppliant, & n'avoit rien de commun avec les marchandises qui faisoient partie de la société contractée antérieurement, & que le Suppliant avoit rompue.

En effet, il est nécessaire de remarquer, que le Suppliant fut envoyé en 1759 à Bordeaux, & qu'il fut chargé par le Ministre (M. Berryer) d'accélérer le départ du Capitaine Kanon.

L'expédition de la flotte que ce dernier devoit commander, étoit de la plus grande importance. Le Suppliant, pour engager les Négocians à soutenir cette entreprise, en contribuant de leurs fonds aux approvisionnemens nécessaires, prit des intérêts considérables dans les marchandises dont la flotte fut chargée. L'envoi en fut fait, tant pour le compte du Suppliant, que pour celui de ses amis, par les sieurs Rouffiau, Gradis, Desclau & Dupuis, tous Commerçans de Bordeaux & de Montauban. Ces marchandises furent heureusement rendues en Canada; & c'est pour le remboursement de ces fonds & des profits qui en ont résulté, que Cadet a remis à la Dame Péan 6 à 700000 l. Il n'a point fait des paiemens aussi considérables sans en tirer des reçus ; la Dame Péan a assuré à son mari qu'elle en avoit donnés lors de chaque paiement ; c'est donc à Cadet à les représenter. On verra, par la production de ces pieces, que Cadet n'a donné différentes sommes à la Dame Péan que pour ces marchandises arrivées de France. Mais il est certain dans le fait, qu'il n'a rien remis, ni au Suppliant, ni à sa femme, sur les marchandises que lui, Cadet, prétend avoir achetées & revendues au Roi dans la Colonie, par une suite de la société, contractée avec le Suppliant avant son départ.

Tous les profits naissans de cette société, ont été abandonnés à Cadet : il en convient pour les vivres ; mais cela est également vrai par rapport aux marchandises vendues pour le compte de la même société. Il n'est donc pas possible de faire résulter des surventes que Cadet a pu faire dans les années 1757 & 1758, aucune imputation contre le Suppliant.

A l'égard des autres ventes de marchandises qui ont été faites au Roi, & où le Suppliant a été intéressé pendant son séjour dans la Colonie, il répétera ici ce qu'il a dit une infinité de fois : que la vente de ces marchandises n'a point procédé de son fait, qu'elle n'a été précédée d'aucune convention de sa part, qui ait eu pour objet de lui procurer un prix supérieur au taux du commerce ; qu'il a toujours ignoré le prix du cours ; qu'il n'a jamais acheté de marchandises dans l'intention de les revendre au Roi, (quoiqu'aucune Loi ne lui défendît de faire cet usage de ses fonds) & enfin que l'appréciation de ces marchandises a été faite, par ceux qui avoient le droit & le pouvoir de décider en pareille matiere. Il résulte de tous ces faits réunis, que relativement à ces ventes, le Suppliant est à couvert de tout reproche.

On a prétendu qu'il avoit acheté une partie de marchandises du sieur Dupuis, dans le dessein de les revendre au Roi ; & on a insisté sur ce que, suivant les livres de ce Négociant, il paroît avoir vendu au Suppliant, en Octobre 1755, des marchandises qui ont été achetées pour le compte du Roi dans le mois suivant.

La défense du Suppliant a consisté à dire, que le sieur Dupuis n'avoit porté sur ses livres la vente en question, que le jour où les marchandises avoient été livrées ; mais qu'il n'en étoit pas moins constant que la convention pour la vente avoit été arrêtée dès le mois de Juillet précédent. On ajoutera ici que le sieur Dupuis est actuellement en France, & qu'il est en état d'attester à la Cour la véritable époque du marché dont il s'agit, qui fut réellement passé entre les parties, non au mois de Septembre, mais au mois de Juillet.

Cette circonstance écarte tout soupçon sur le prétendu motif attribué au Suppliant, d'avoir acheté des marchandises dans l'intention de les revendre au Roi. Au reste, cette intention, quand on la supposeroit aussi réelle qu'elle est fausse, ne présenteroit par elle-même aucun délit.

Il est facile de réfuter sommairement quelques autres imputations particulieres, qui ont été faites au Suppliant.

Le sieur Varin, coupable de plusieurs prévarications, a débité des impostures qui ne sont dignes que de mépris. Ce Commissaire Ordonnateur, parvenu à un âge avancé, & qui remplissoit depuis plus de trente ans des emplois de confiance dans la Colonie, n'a pas craint de dire qu'il avoit été séduit par les conseils d'un jeune Officier. Le Suppliant a détruit par ses défenses une imputation si ridicule & si absurde. Les délits dont le sieur Varin s'est rendu coupable, lui ont été purement personnels, & dérivent principalement de l'abus de son autorité, dans une place dont il connoissoit depuis long-temps les engagemens & les devoirs.

Il paroît que ce Commissaire a été convaincu d'avoir accordé des prix trop forts aux marchandises qui sont entrées dans les Magasins du Roi à Montréal, & qui composoient le fonds du commerce, que les sieur Lemoine & Depin faisoient tant dans cette ville qu'à Québec. Le Suppliant croit devoir déclarer, que ce chef d'accusation lui est totalement étranger : il n'avoit aucun intérêt dans les marchandises, qui provenoient du fonds des sieurs Lemoine & Depin, & n'avoit point traité avec eux pour les acheter; il a distingué nettement dans ses Mémoires & dans ses réponses au Procès, les parties de marchandises où il a été intéressé, & qui ont été vendues au Roi. Celles que le Suppliant acheta en 1756, appartenoient au sieur Dupuis & non aux sieurs Lemoine & Depin. De toutes les fournitures de marchandises faites pour les Magasins du Roi à Montréal, il n'y a que celles qui procédoient de l'envoi des sieurs Gradis en 1757, où le Suppliant ait été intéressé. Mais il persiste à soutenir qu'il ne s'est jamais mêlé de ces ventes, qu'en s'intéressant dans des entreprises de commerce notoirement légitimes : son objet n'a jamais été d'acheter pour revendre au Roi ; qu'il a toujours ignoré le taux qui avoit lieu dans la Colonie, & qu'il n'a pris, ni pu prendre aucune part à la fixation des prix, qui ne dépendoit point de lui. En général il est libre à tout vendeur de demander le prix le plus avantageux qu'il peut obtenir : il n'y eut jamais de délit à estimer ses marchandises trop cher ; c'est à l'acheteur à se déterminer. Mais dans l'espece présente, il est constant que le Suppliant n'a fait aucune démarche pour faire entrer dans les Magasins du Roi, les marchandises où il étoit intéressé, & qu'il n'a jamais demandé sur ces effets des augmentations de prix. Ces deux vérités de fait ont été reconnues par le sieur Bigot, qui a affirmé n'avoir jamais su que le sieur Péan fût intéressé dans les marchandises achetées pour le compte du Roi, & que le Suppliant ne lui en avoit jamais parlé.

On ne peut imputer au Suppliant d'avoir profité des gains illicites, que le sieur Varin a faits sur les
fournitures

fournitures par économie dans les Magafins du Roi, en 1752 ou 1753. Le Suppliant s'eft expliqué d'une maniere uniforme dans fes anciens & nouveaux interrogatoires, relativement aux engagemens, qui ont fubfifté entre lui & le fieur Varin. Il a dit, que lorfque ce dernier lui propofa de s'affocier avec lui, il ne fut point queftion d'entreprifes où le Roi fût intéreffé. Le Suppliant favoit que le fieur Varin étoit depuis long-temps engagé dans différentes affaires, & il confentit en général à prendre des intérêts avec lui dans celles qu'il feroit. Tout le monde croyoit ce Commiffaire irréprochable fur l'article de la probité. Le Suppliant en avoit la même opinion, il penfoit que ces affaires où le fieur Varin s'intéreffoit, & dont le Suppliant ignoroit le détail & la nature, étoient en général des entreprifes de commerce momentanées, pour des parties de marchandifes feches, ou de boiffons demandées en France, ou pour d'autres efpeces de marchandifes achetées dans la Colonie pendant l'automne, & qui devoient être revendues le printemps fuivant à des voyageurs des pays d'en haut. Tels étoient les principaux objets du commerce des habitans de Montréal, & c'eft dans des affaires de cette nature, que le Suppliant a pris des intérêts.

Il ne lui eft point venu dans l'efprit que ce Commiffaire fût capable de quelque opération illicite. Auffi le Suppliant ne s'eft-il mêlé d'aucune forte de geftion dans les entreprifes dont il s'agit; il n'a même jamais vu les comptes du fieur Varin, qui en eft convenu.

D

Ce Commiſſaire en a impoſé lorſqu'il a fait entendre, que le Suppliant avoit été aſſocié avec lui pendant ſix ou ſept ans dans des affaires où le Roi étoit intéreſſé. Le fait eſt faux. Si le Suppliant avoit entendu s'engager dans les entrepriſes dont parle le ſieur Varin, il auroit paſſé un acte de ſociété, comme il l'avoit fait pour la fourniture des vivres, parce qu'elle devoit avoir lieu pendant neuf années. Mais on ne repréſente aucun écrit pour établir cette prétendue ſociété, qui, ſelon le ſieur Varin, a ſubſiſté ſix ou ſept ans. S'il en exiſtoit quelqu'un, ce Commiſſaire auroit-il manqué de le produire? Le Suppliant répete qu'il n'a jamais formé d'engagemens avec le ſieur Varin, que pour des affaires momentanées, qui ne devoient pas regarder le Roi, & qui, par leur nature ne pouvoient pas avoir de ſuite.

Ajoutons que ce Commiſſaire eſt le ſeul témoin, qui impute au Suppliant d'avoir participé avec lui à des gains illicites, & que ſa délation perſévéramment niée par le Suppliant, eſt incapable, par cela ſeul qu'elle eſt unique, de former une preuve. Si la regle ſi connue, *Teſtis unus, teſtis nullus*, ſuffit pour écarter un ſeul témoin, même irréprochable, avec quelle force ne peut-on pas oppoſer cette maxime à un témoin, coupable de ſon aveu, & convaincu de prévarications par un Jugement. Les entrepriſes où le Suppliant a été intéreſſé avec le ſieur Varin, n'ont eu lieu que pendant deux années, qui ſont préciſément celles des campagnes du Suppliant ſur la Belle-Riviere: nouvelle preuve qu'il lui eût été impoſſible, lorſqu'il étoit à plus de quatre cens lieues de diſtance de l'endroit où le ſieur Varin résidoit, de prendre aucune connoissance des affaires que ce dernier conduisoit.

Ce Commissaire a retiré seul le bénéfice résultant des malversations qu'il a commises.

Pour être convaincu de sa mauvaise foi, il ne faut que considérer les étranges variations où il est tombé, lorsqu'il a essayé de fixer le montant des gains qu'il a faits. Tantôt, selon lui, ces bénéfices ont été de dix à douze pour cent, ensuite il les a déterminés à vingt-cinq pour cent. Ces incertitudes sur la quotité des profits qu'il a retirés, marquent assez le peu de cas qu'on doit faire de ses délations.

Les imputations faites au Suppliant relativement aux intérêts qu'il a eus sur des vaisseaux, s'écartent en un mot. D'abord la légitimité d'un pareil Commerce est reconnue de tout le monde. Nos Loix lui accordent la plus grande faveur, & il n'y a point d'entreprises où l'avantage des Particuliers soit lié plus clairement avec l'intérêt public.

Il est établi au Procès, que le Suppliant n'est entré dans aucun détail, concernant la gestion des navires où il a été intéressé, & qu'il s'en est uniquement rapporté à la parole de ses Associés. On n'a trouvé aucun compte, aucun écrit, ni reçu de sa part. Il a même déclaré avoir eu des intérêts, qu'on a prouvé qu'il n'avoit pas. L'administration de ces bâtimens, la fixation du prix du fret, enfin les bénéfices provenus de ce Commerce, ne peuvent être la matiere d'aucune imputation contre lui.

S'il est prouvé par l'examen successif des différens

chefs d'accufation, qu'il n'exifte aucune charge contre le Suppliant, fera-t-on réfulter quelque délit de la fortune qu'on lui fuppofe & qu'on exagere à l'excès? C'eft une idée qu'il n'eft pas poffible d'adopter. Une pareille recherche dégénéreroit en une efpece d'inquifition bien oppofée à l'efprit de nos Loix.

Ce n'eft pas fans doute l'opulence qu'elles puniffent, mais l'injuftice des moyens qu'on a employés pour l'acquérir. Le Suppliant n'eft point un de ces hommes avides & entreprenans, qui, fe voyant privés de toute efpece de reffource dans leur patrie, paffent dans le nouveau monde pour s'y enrichir rapidement.

Il eft né dans la Colonie, & il y a fuccédé à un pere qui avoit fervi le Roi avec diftinction, pendant cinquante années. Les biens qu'il a recueillis dans la fucceffion paternelle étoient affez confidérables; il a confacré les plus belles années de fa vie au fervice de fon Prince, & il n'a point cru que les engagemens de fon état fuffent incompatibles avec l'emploi de fes fonds dans le Commerce. C'eft ce qu'il a fait pendant vingt ans. On ne peut donc critiquer la fource de fa fortune, & il ne craint point qu'on interroge fes compatriotes fur l'ufage qu'il en a fait. Tous dépoferont de fon empreffement à les fecourir dans leurs befoins, & à feconder de fes propres deniers les différentes opérations qui pouvoient intéreffer le fervice. Aucune Loi n'oblige un Citoyen à produire l'Inventaire de fes biens. Mais le Suppliant, bien éloigné de toute efpece de diffimulation, a fait au Procès la déclaration exacte des objets, qui compofent le montant de fa fortune bien inférieure certainement à celle que la calomnie a entrepris de lui attribuer.

La discussion des principales imputations faites au Suppliant, démontre qu'il n'existe aucunes preuves contre lui ; mais on ajoute, que la vérité de cette conséquence ne peut recevoir aucune atteinte de cette mention insérée dans le Jugement, *les preuves demeurantes en leur entier.*

Il faut, en effet, distinguer entre des preuves de faits, qui forment des indices, & des preuves de délit. C'est ce qu'un exemple peut éclaircir : un homme est accusé d'avoir commis un vol dans une maison. On entend des témoins qui déposent, que l'accusé est entré dans la maison, mais aucun d'eux ne parle du vol. Supposons que dans ce cas on ordonne un plus amplement informé *les preuves demeurantes* : il est constant qu'il existe des preuves contre cet accusé ; mais il est également certain que ces preuves établissent un fait qui n'a rien de criminel, & que si l'on n'en acquiert pas de nouvelles, l'accusé doit être renvoyé de l'accusation. Rien n'est donc plus réel & plus sensible, que la distinction entre les preuves de fait, & celles de délit. Il subsiste des preuves de la premiere espece contre le Suppliant ; mais celles de la seconde manquent entiérement. Rien n'établit plus clairement l'inexistence des preuves de délit, que les dispositions mêmes du Jugement de la Cour, qui ordonnent, à l'égard du Suppliant, qu'avant faire droit, il en sera plus amplement informé. C'est déclarer de la maniere la plus précise, qu'il n'y a pas de preuves capables d'opérer la conviction d'aucun délit : car, s'il en exiſtoit de cette nature, on jugeroit un Accuſé qui feroit convaincu.

Les preuves qui ſubſiſtent, & que les Magiſtrats ont reconnu être inſuffiſantes pour ſervir de baſe à un Jugement, ne ſont donc, comme on l'a dit, que des preuves de faits, de circonſtances qui préſentent des indices, mais qui ſe diſſipent & s'évanouiſſent, ainſi que tous les ſoupçons qui en peuvent naître, lorſqu'on n'acquiert pas de nouvelles lumieres. C'eſt préciſément ce qui ſe rencontre dans l'eſpece préſente.

Des délations calomnieuſes ont pu élever quelques nuages & faire naître des ſoupçons contre le Suppliant; mais comme il n'eſt ſurvenu aucune preuve capable de les réaliſer, il eſt bien fondé à en conclure qu'il n'exiſte aucune preuve contre lui. Ce qu'il ſoutient à cet égard s'accorde parfaitement avec les diſpoſitions du Jugement de la Cour. On a réſervé des preuves qui ne ſont pas ſpécifiées; ce ſont des preuves de faits formans des indices; mais on n'a pas jugé, parce qu'il n'y avoit point de preuves de délit acquiſes; & comme l'inſtruction plus ample n'en a adminiſtré aucune, il en réſulte que les recherches, que la Juſtice a regardé comme néceſſaires avant de ſtatuer, n'ont rien produit, & par conſéquent que les imputations faites au Suppliant ſont deſtituées de preuves.

SECONDE PROPOSITION.

On ſoutient que le défaut abſolu de preuves contre le Suppliant étant certain, par une conſéquence nécessaire, il doit être renvoyé de l'accusation.

Personne n'ignore ce principe fondé sur la raison & sur les dispositions précises des Loix, qu'on doit absoudre l'accusé, toutes les fois que l'accusation n'est pas prouvée. *Actore non probante absolvitur reus* *. Cette vérité est évidente par elle-même. En général, on n'est point à demi coupable, ou à demi innocent, on est l'un ou l'autre ; ces sortes de qualités ne sont pas susceptibles de division.

L'Ordonnance de 1670 ** porte expressément, *qu'après la confrontation des témoins, l'accusé ne pourra plus être reçu en Procès ordinaire,* MAIS SERA PRONONCÉ DÉFINITIVEMENT SUR SON ABSOLUTION, OU SA CONDAMNATION. Il est vrai que les Commentateurs observent *** que l'Ordonnance par ces mots, *sera prononcé définitivement sur son absolution ou sa condamnation*, n'exclut pas le plus amplement informé ; mais tout ce qu'on peut conclure d'un Jugement qui ordonne une information plus ample, & pendant un temps déterminé, c'est que lorsque le délai prescrit par les Magistrats est écoulé, l'accusé contre lequel il n'est point survenu de nouvelles preuves, doit obtenir sa décharge. L'application de la maxime établie par la Loi, savoir, qu'il faut prononcer définitivement sur l'absolution ou la condamnation, peut être suspendue pendant un certain délai ; mais si l'instruction prolongée par les Ma-

---

* L. 4, cod. de edendo.
** Art. 4, tit. 20.
*** *Vide* Bornier & le nouveau *Commentaire* de M. Jousse sur cet article.

giſtrats, n'a point adminiſtré de preuves pour condamner, il eſt inévitable d'abſoudre. Cette conſéquence réſulte clairement de ces termes de la Loi, *ſera prononcé définitivement ſur ſon abſolution.*

Les Auteurs les plus verſés dans les matieres criminelles, poſent pour principe, que lorſqu'on a preſcrit un terme à l'accuſateur pour prouver, & qu'il ne rapporte point de preuves dans le délai preſcrit, on doit abſoudre définitivement l'accuſé. *Cum accuſatori ſtatutus eſt terminus ad probandum,* SI INTRA TERMINUM NON PROBET, REUS DEFINITIVE ABSOLVENDUS EST. *Mathæus de criminibus, lib.* 48, *tit.* 16 *de quæſtionibus, n.* 16 *& ſuivans.*

On joindra à cette autorité celle de Lacombe dans ſon Traité des matieres criminelles, page 521, &c. Voici ſes termes qu'on croit devoir rapporter *On ordonne quelquefois un plus amplement informé, indiciis manentibus* (c'eſt bien là le cas dont il s'agit dans l'eſpece préſente) *comme d'un an ou de ſix mois, & que l'accuſé gardera priſon pendant ce temps-là, ſauf à l'accuſé, après le temps fini, de donner ſa Requête* POUR ETRE RENVOYÉ DE L'ACCUSATION ET MIS HORS DE PRISON, CE QUI LUI EST ACCORDÉ, *s'il n'eſt point ſurvenu de nouvelles preuves & charges.*

Il doit donc demeurer pour conſtant, que lorſqu'il n'eſt point ſurvenu de preuves dans le délai fixé pour le plus amplement informé, l'accuſé doit être renvoyé de l'accuſation. Ces maximes ſont confirmées par la Juriſprudence la plus conſtante. On pourroit ſe borner à citer ici un exemple d'autant plus précieux, qu'il
ſe

se tire de la décision d'un Magistrat aussi recommandable par ses lumieres, que par les fonctions importantes qu'il remplit avec la plus grande distinction. On veut parler de la Sentence rendue au mois de Décembre 1759 par M. le Lieutenant-Criminel en faveur du sieur de Montz, Officier de Dragons. Il fut accusé d'avoir sollicité un Soldat aux Gardes de donner des coups de bâton à un particulier. On lui opposoit la déposition d'un témoin, & on produisoit une adresse de lettre qui sembloit fortifier la déposition. Dans ces circonstances on avoit ordonné un plus amplement informé d'un an, ce qui suppose que le délit déféré à la Justice, étoit de nature à entraîner une peine capitale. Il ne survint pendant ce délai aucune preuve nouvelle, & après l'année révolue, le sieur de Montz obtint une Sentence qui le déchargea d'accusation.

Il y a environ 20 ans que l'Abbé Mergeret, fort connu au Palais, où il suivoit les Audiences avec assiduité, fut accusé de viol. Cette affaire fit dans le temps le plus grand éclat. On prononça contre l'accusé un plus amplement informé d'un an, pendant lequel il garderoit prison; mais la Justice n'ayant point acquis de nouvelles preuves dans le terme prescrit, l'accusé fut déchargé d'accusation par Arrêt définitif. Enfin tout le monde se rappelle l'affaire assez récente des informations volées au Greffe de la Prévôté de l'Hôtel. Il y eut un 1er Arrêt du Grand-Conseil au rapport de M. de Sorrouhet, qui ordonna un plus amplement informé de six mois contre tous les accusés; mais par l'Arrêt définitif, & sans qu'il fût survenu aucune preu-

E

ve à charge ni à décharge, Mᵉ Mallet, Avocat, un des accufés, & alors Procureur du Roi de la Prévôté de l'Hôtel, a été déchargé de l'accufation. Par le même Arrêt la mémoire de Mᵉ Dejean, Procureur, autre accufé, & qui étoit mort pendant l'inftruction, a été déchargée.

Il eft donc prouvé par des Jugemens émanés de tous les Tribunaux, que lorfqu'il n'eft point furvenu de nouvelles preuves dans le délai prefcrit pour un plus amplement informé, l'accufé doit obtenir fa décharge.

La réferve des preuves portée par le jugement de la Cour, ne fait point obftacle à l'application de ces principes. On a établi plus haut, que ces preuves ne pouvoient porter que fur des circonftances qui forment des indices, & par conféquent qu'elles n'étoient pas des preuves de délit, puifque la Cour a cru devoir prononcer un avant faire droit. Mais s'il n'y a aucun délit prouvé, ni par l'ancienne information, ni par la nouvelle, les maximes qu'on vient de développer fubfiftent dans toute leur force, & le Suppliant eft bien fondé à les réclamer.

En général on ne peut convaincre un accufé que par l'une de ces trois voies, par fes aveux, par des écrits, ou enfin par les dépofitions des témoins. Le Suppliant a nié perféveramment les imputations calomnieufes dont on a voulu le noircir; il a déclaré plufieurs fois qu'il n'avoit connu toutes ces horreurs que par la procédure. On eft hors d'état de lui oppofer le moindre veftige de preuves écrites, & cependant la plupart des accufations font de nature que fi le Suppliant eût été réellement coupable, il feroit impoffible qu'il n'exiftât pas quelque écrit relatif à ces confeils frauduleux qu'on lui impute. Mais on n'en repréfente aucun. Il ne refte donc que les dépofitions des témoins. Les Munitionnaires & le fieur Varin font les feuls qui le chargent; mais leurs dépofitions tombent par cette feule raifon, qu'elles font émanées de criminels convaincus.

Les premiers principes du droit naturel, le fuffrage unanime des Légiflateurs & des Jurifconfultes, concourent à rejetter de pareils témoignages.

Ces délations ifolées font anéanties, non-feulement par l'indignité des délateurs, mais encore par les contradictions qu'elles renferment.

Tout confpire donc à infpirer au Suppliant, dans cet inftant critique, où la juftice doit prononcer fur fon fort, la confiance la plus légitime. L'ancienneté, le nombre & la qualité de fes fervices, les témoignages auffi flatteurs que multipliés de fes fupérieurs, le cri univerfel des perfonnes les plus recommandables de la Colonie, dépofent en fa faveur.

Qu'il lui foit permis d'obferver, que fa captivité prolongée n'a fervi qu'à faire connoître & à manifefter avec plus d'éclat, le nombre des Citoyens vertueux qui s'intéreffent à fon fort. Plufieurs ont follicité & obtenu la permiffion de partager, pour ainfi dire, fa difgrace, & de le confoler dans fes liens. C'eft en quelque forte ce qui réfulte de l'information plus ample ordonnée par les Magiftrats. Mais le même zele qui les excite à rechercher les preuves du crime, garantit à l'innocence les effets falutaires de leur protection.

Si le Suppliant aspire au moment heureux de voir cesser les disgraces qui l'accablent depuis si long-temps, & une captivité qui par sa durée seule est un rigoureux supplice, c'est pour consacrer ses jours, & les forces que ses travaux passés lui laissent, au service du Prince & de la Patrie.

Ce considéré, NOSSEIGNEURS, il vous plaise, attendu qu'il n'est survenu aucunes preuves depuis la plus ample information ordonnée par le jugement du 10 Décembre 1763, & dans le délai y porté, décharger le Suppliant purement & simplement de toutes accusations & demandes; ordonner qu'il sera mis en liberté, & que son écrou sera rayé & biffé; à ce faire tous Officiers & Dépositaires, contraints quoi faisant déchargés, sans préjudice au Suppliant de tous ses droits & actions, & vous ferez justice.

Monsieur DU PONT, Conseiller, Rapporteur.

Signé, PÉAN.

BOUDOT, Proc.

De l'Imprimerie de GUILLAUME DESPREZ, Imprimeur du Roi & du Clergé de France, rue saint Jacques, 1764.

www.ingramcontent.com/pod-product-compliance
Lightning Source LLC
Chambersburg PA
CBHW060646050426
42451CB00010B/1221